Dorothea Siegert-Binder (u.a.)

Vom Engel, der sein Herz verschenken wollte

Und andere Weihnachtsengelgeschichten

el · Die Wetter-Engel · Der Engel der Weihnachtsfreude · Der vergessene Engel ·
Der Engel, der es Sterne regnen lässt · Der Friedens-Engel · Der Engel mit den
te-dich-nicht-Engel · Der Bäckerengel · Die Wetter-Engel · Der Engel der Weih-
der Wärme · Der Menschen-Engel · Der Engel, der es Sterne regnen lässt · Der
der sein Herz verschenkt · Der Fürchte-dich-nicht-Engel · Der Bäckerengel ·
gel, der nicht fliegen kann · Der Engel der Wärme · Der Menschen-Engel · Der
Flügeln · Der letzte Engel · Der Engel, der sein Herz verschenkt · Der Fürchte-
ude · Der vergessene Engel · Der Engel, der nicht fliegen kann · Der Engel der
Engel · Der Engel mit den goldenen Flügeln · Der letzte Engel · Der Engel, der
ngel · Der Engel der Weihnachtsfreude · Der vergessene Engel · Der Engel, der
Sterne regnen lässt · Der Friedens-Engel · Der Engel mit den goldenen Flügeln
el · Der Bäckerengel · Die Wetter-Engel · Der Engel der Weihnachtsfreude · Der
Menschen-Engel · Der Engel, der es Sterne regnen lässt · Der Friedens-Engel ·
schenkt · Der Fürchte-dich-nicht-Engel · Der Bäckerengel · Die Wetter-Engel ·
n kann · Der Engel der Wärme · Der Menschen-Engel · Der Engel, der es Ster-
te Engel · Der Engel, der sein Herz verschenkt · Der Fürchte-dich-nicht-Engel
ssene Engel · Der Engel, der nicht fliegen kann · Der Engel der Wärme · Der
ngel mit den goldenen Flügeln · Der Engel, der sein Herz ver-
gel der Weihnachtsfreude · Der verg · Engel, der nicht fliegen
n lässt · Der Friedens-Engel · Der E · enen Flügeln · Der letzte
kerengel · Die Wetter-Engel · Der E · reude · Der vergessene
el · Der Engel, der es Sterne regnen · Der Engel mit
Fürchte-dich-nicht-Engel · Der Bä · Der Engel der
ngel der Wärme · Der Menschen · regnen lässt
gel, der sein Herz verschenkt · · Der Bäckeren-
r Engel, der nicht fliegen kann · Menschen-Engel ·
ldenen Flügeln · Der letzte Engel · Der · Herz verschenkt · Der
achtsfreude · Der vergessene Engel · De · der nicht fliegen kann · Der
Friedens-Engel · Der Engel mit den golde Flügeln · Der letzte Engel · Der
Die Wetter-Engel · Der Engel der Weihnach freude · Der vergessene Engel
r Engel, der es Sterne regnen lässt · Der Friedens-Engel · Der Engel mit den

Inhalt

Engel können fliegen,
weil sie sich selbst
nicht zu schwer nehmen.

Schottische Redensart

Liebe Engelfreundinnen und -freunde!

Nicht, dass ich mich mit Engeln so gut auskennen würde, dennoch sind sie seit Jahren meine Begleiter auf eine besondere Weise.

Vor über 20 Jahren hatte ich die Idee, zur Weihnachtszeit meinen beiden Töchtern einen außergewöhnlichen Adventskalender zu gestalten, der rechts und links von zwei dicken, trompetenden Engeln getragen wurde. Zu Weihnachten bekamen sie dann die fliegenden Engel geschenkt, und bis dahin durften die 24 Päckchen geöffnet werden.

Von den beiden dicken Weihnachtsengeln waren viele begeistert, so dass sie Jahr für Jahr Zuwachs bekamen. Seitdem sind Hundertschaften von Engeln – leider habe ich sie nie gezählt – durch meine Hände geflattert und bevölkern so manche Galerie oder Postkarte. Besonders in der Vorweihnachtzeit verwandelt sich mein Atelier jedes Jahr aufs Neue in eine Engelswerkstatt.

Diese beiden ersten Engel sind aus Liebe zu meinen Kindern entstanden, aus einer Intuition heraus und ganz ohne Plan, einfach dem „Geleitet werden" folgend. Ich habe mir erlaubt, sie prall und humorvoll, menschennah und bunt zu gestalten. Und da sie so oft die Herzen der Betrachter treffen und ein Schmunzeln auslösen, bin ich mir sicher, ich habe die Erlaubnis direkt von „oben".

Kreativität, Schöpferkraft und Intuition sind Flügelschläge der Liebe, und häufig sind Engel mit im Spiel, wie Sie auch in den hier ausgewählten Geschichten lesen können.

Sie erinnern uns daran, dass es auch andere Mächte zwischen Himmel und Erde gibt, die uns besonders zur Weihnachtszeit berühren und inspirieren, so wie mich damals zu dem Geschenk für meine Kinder.

Ihre Dorothea Siegert-Binder

Der rote Engel

Manche bestreiten ja entschieden, dass es rote Engel gibt. Engel, sagen sie, müssen feierlich, golden, weiß oder durchscheinend sein. Ich wage es trotzdem, von einem roten zu berichten, denn ich habe nicht nur davon gehört, sondern sogar selbst einen gesehen. Bei dieser Begegnung war ich weder betrunken noch traumwandlerisch, sondern vollkommen nüchtern und bei wachem Verstand. Es geschah auf der Terrasse eines Cafés, ich hatte mir gerade einen Cappuccino bestellt.

„Ist hier noch frei?", fragte jemand.

Als ich aufsah, zuckte ich zusammen, denn vor mir schien eine Feuersäule aus dem Boden zu flammen. Erst als ich mich ein wenig an das Leuchten gewöhnt hatten, sah ich, dass es sich um einen Engel handelte. Einen überaus wilden, roten Engel.

Ich bejahte, und er setzte sich mir gegenüber.

In meinem Beruf bin ich durchaus skeptisch meiner eigenen Fantasie gegenüber, deshalb verhielt ich mich vorerst ruhig. Doch die Erscheinung verschwand nicht. Sein Leuchten wärmte mich, als säße ich an einem Lagerfeuer. Ich fragte mich, warum die anderen Cafégäste nicht zu ihm hinsahen und überhaupt keinerlei Zeichen von Verwunderung erkennen ließen, da sagte er: „Eine Frage der Lebenseinstellung, wissen Sie. Die meisten sehen nur, was sie bereits kennen. Sie haben Angst, das muss man ihnen nachsehen. Deshalb ist es auch so schwierig für mich. Meine Botschaft anzubringen, meine ich."

„Was ist denn Ihre Botschaft?", fragte ich neugierig.

„Euch daran zu erinnern, dass ihr vor nichts und niemandem Angst haben müsst." Er seufzte. „Ich habe das schon oft versucht, einmal in Betlehem … Da hatte ich fast den Eindruck, ihr hättet es verstanden …"

Und dann tippte er kurz mit seinem Zeigefinger an meine Stirn, und ich fühlte in mir ein Glühen, das mich erschreckte. Gleich darauf war er wie ein Windhauch verschwunden.

Das Glühen aber, das ist geblieben. Und ja wohl Beweis genug, dass ich ihn wirklich getroffen habe.

Doris Bewernitz

Von der Erfindung der Weihnachtsfreude

Die Geschichte, die ich euch erzählen möchte, spielt im Himmel, und ich bin in einiger Verlegenheit, wenn ihr mich jetzt fragt, wo der Himmel ist. Den Zeitpunkt unserer Geschichte kann ich euch genau nennen, es war im Jahre 1 vor der Geburt unseres Herrn, des Kindes Jesus von Nazareth.

Aber wo? Als aufgeklärter Mensch der Gegenwart weiß ich natürlich, dass der Himmel nicht über uns ist. Aber ich weiß auch, dass es im Himmel ein großes Gelächter gegeben hat, als eine Fülle von kleinen und großen Kugeln ohne und später mit Menschen durch das Weltall sausten, die hofften, in den Himmel sehen zu können, oder auch hofften, gerade nicht in den Himmel sehen zu können, zum Beweis dafür, dass es so etwas gar nicht gibt. Natürlich gibt es so etwas, aber wo? Am ehesten glaube ich noch, dass man den Himmel sehen kann, wenn man zuerst in den Spiegel schaut und sich ansieht. Dann schließt man die Augen ganz fest und denkt nach. Worüber?, fragt ihr. Über sich selbst natürlich! Warum? Ja, das kann ich so rasch nicht erklären, denn dann käme ich heute überhaupt nicht mehr zu meiner Geschichte. Ihr müsst es eben probieren, dann sprechen wir uns wieder.

Im Himmel war gerade eine Beratung, eine „Diskussion", würden wir sagen, aber im Himmel gibt es keine Diskussionen wie auf der Erde, obwohl man dort sehr oft miteinander berät und einander viel Kritisches sagt – aber es wird nichts übelgenommen. Und wo gibt es auf der Erde schon eine Diskussion, in der nichts übelgenommen wird?

Im Himmel wird immer die Wahrheit gesagt, das heißt, es wird weder was verschwiegen noch was erzählt, was nicht stimmt. Und sowie einer laut reden und schimpfen will, verwandelt sich jedes Wort schon im Munde in ein gesungenes Halleluja.

So ist das im Himmel.

Das Thema der heutigen Beratung war die Ankunft des Messias auf der Erde. „Ich meine, es ist soweit", sagte Gott Vater. „Die Menschen haben lange genug ausgeharrt, und wir haben durch unsere Propheten die Sache schon mehrmals bekanntgegeben und versprochen, nun müssen wir endlich was tun. Über tausend Jahre warten die Menschen, das ist eine lange Zeit, wenigstens auf der Erde."

Und dann überlegten Gott und die Engel, die mit ihm im Himmel wohnten, wie man das wohl machen konnte, den Messias schicken. Einer schlug vor, man solle einfach den jetzt regierenden König von Juda nehmen. „Du baust ihn um, Gott Vater, zu einem Heiligen, denn das ist er leider noch nicht. Aber du wirst sehen, wie gut er sich macht." Andere waren mehr für einen Propheten, einer nannte sogar den Namen Johannes, der später der Täufer hieß. Wieder andere waren für einen Fürsten aus einem der übrigen Stämme Israels. „Einer, mit dem sie nicht so rechnen, kann sich eher durchsetzen! Denn wenn er aus dem Haus Juda kommt, vergleichen sie ihn mit dem großen König David, und womöglich schneidet er dann schlechter ab, der Messias. Das schadet unserem Ruf im Himmel."

Gott Vater war mit keiner der vorgebrachten Ideen einverstanden.

„Zu wenig Freude", sagte er. „Zu wenig Freude! Wenn der Messias kommt, sollen sich die Leute freuen. Gleich wenn sie ihn zum ersten Mal sehen, sollen sie sich freuen. Lachen sollen sie! Und ich fürchte, sie fürchten sich, anstatt zu lachen. Wenn einer mit dem Säbel kommt! Oder mit einer Krone und einem prächtigen Purpurmantel! Mit so einem redet man doch nicht, da geniert man sich, da hat man einfach Angst, auf der Erde."

Gott Vater schaute sich um. „Hier gibt's ja – mir sei Dank – so etwas nicht mehr. Kronen, Säbel und Purpurmantel müssen sie alle unten lassen. Oder wenn er kommt wie ein Prophet, mit einem Kamelhaarfell und wildem Bart, das macht doch keine Freude. Wie muss einer aussehen, damit man sich freut?"

Der Engel Gabriel kaute an seinen Fingernägeln. Das tat er immer, wenn er scharf nachdachte, obwohl sich das auch im Himmel nicht gehört.

„Schmeckt's?" fragte Gott Vater.

„Nein", sagte Gabriel und wurde rot dabei, „ich werd' lieber eine Schere nehmen." Alles lachte, aber Gabriel war noch nicht fertig. „Vielleicht wie ein Kind?", sagte er. „Über ein Kind freut man sich immer." „Ein Kind?" Gott Vater stemmte die Arme in die Seiten. „Ein Kind? Natürlich, ein Kind! Habt ihr schon ein einziges Mal einen Menschen gesehen, der sich fürchtet, wenn er ein Kind sieht, einen Säugling?

Ich nicht. Das gibt's auf der ganzen Erde nicht und im Himmel erst recht nicht. Ein Kind macht immer Freude." Gott Vater legte die Stirn ein wenig in Falten. Dann fügte er hinzu: „Wenigstens, wenn es noch klein ist."

Jetzt hatten sie's: Ein Kind!

Der Messias musste als Kind auf die Welt kommen. Und Gabriel sollte es den Menschen bekanntgeben, weil es seine Idee gewesen war, das heißt, er sollte es dem Menschen bekanntgeben, den Gott als Mutter bestimmt hatte, Maria aus Nazareth.

Aber Gabriel war nicht zu finden. „Und wer spielt das Kind? Wen nehmen wir da? Das Kind von König Herodes? Das geht doch wohl nicht. Oder von einem Propheten? Oder von einem Rabbi aus Jerusalem? Das Kind wird erwachsen, daran muss man denken. Und es soll doch ein tüchtiger Erwachsener werden. Wer weiß, was ihm alles noch bevorsteht."

Alle dachten wieder angestrengt nach. „Wer spielt das Kind?"

„Ich", sagte Gott Vater.

Jetzt hätte es im Himmel beinahe eine richtige weltliche Diskussion gegeben. „Du? Das geht doch nicht", sagte der eine. „Ein richtiger Mensch? Gott als Kind? Da lachen ja die Menschen."

„Sie sollen doch lachen", sagte Gott Vater. „Natürlich, lachen sollen sie."

„Aber sie sollen doch Gott nicht auslachen! Das ist doch was ganz anderes."

Gott Vater lächelte. „Vielleicht nicht. Ist es nicht besser, alle lachen, wenn sie mich sehen, auch wenn ein paar darunter sind, die mich auslachen?"

„Und der Himmel? Der soll wohl leer stehen?"

„Ja", sagte Gott Vater.

„Und wenn etwas schiefgeht, unten auf der Erde?"

„Es geht schief", sagte Gott Vater, „aber das versteht ihr jetzt noch nicht."

Im Himmel war es ganz still geworden. Gabriel kaute wieder an seinen Fingernägeln, aber diesmal bemerkte es keiner, außer vielleicht Gott, aber er tat so, als merke er nichts.

„Es geht schief! Das sagst du so! Und wie? Denkst du gar nicht an uns?" Gabriel war nahe am Weinen. Gut, dass die Engel Männer sind und sich deshalb ein bisschen zusammennehmen müssen.

„Natürlich denke ich an euch. Aber ich denke auch an die Menschen. Schließlich kann mit Engeln nicht mehr viel passieren. Aber mit den Menschen, mit denen kann sehr, sehr viel passieren. Und deswegen geht es schief mit mir."

„Warum? Warum nur?" Das fragten mindestens sieben Engel gleichzeitig.

„Damit es gutgeht!", sagte Gott Vater. „Aber da reden wir in vierunddreißig Jahren wieder drüber. Jedenfalls fängt es mit Freude an, weil es mit einem Kinde anfängt. Und das verspreche ich euch: Zuletzt wird wieder Freude sein, und sie wird bleiben!"

Dietrich Mendt

Der Bäckerengel

Im Sommer hatte er viel freie Zeit. Tagelang schwebte er im Blauen und starrte nach unten. Ihm gefiel die Erde, die er nicht kannte, weil er ein Engel war.

An einem Wintertag passte er nicht auf. Der Sturm fegte ihn von einer Wolke, und ehe er seine goldenen Flügel ausbreiten konnte, waren sie ihm abgerissen. Er stürzte durch Regen und Schneetreiben ab, in ein Tannendickicht, und dort blieb er betäubt liegen.

Als er erwachte, fror er in seinem Engelshemd. Er spürte kalte, harte Steine unter seinen Sohlen, splittriges Eis zerschnitt die zarte Haut, er setzte vorsichtig einen Fuß vor den anderen, musste um sein Gleichgewicht kämpfen, stürzte immer wieder auf die grobe Erde, empfand zum ersten Mal Schmerzen, konnte aber nicht weinen, weil er noch keine Tränen hatte.

Er schob sich aus dem Tannendickicht, und sein dünnes Hemd zerriss. Er schaute nach oben, aber die Schneeflocken wirbelten so dicht, dass er keinen Himmel sah. Er hob die Arme. Er stieß sich mit den Füßen ab, reckte sich in die Höhe, aber nichts geschah, kein leichtes, rauschendes Gefühl des Schwebens.

So ging er den Waldweg weiter, zwischen verschneiten Stoppelfeldern hindurch, bis er die Dächer eines Dorfes sah.

Er spürte die Wärme zwischen den Mauern und lief schneller über den weichen glatten Schnee.

Hinter der ersten Scheune bauten Kinder einen Schneemann. Als sie den Engel in seinem zerfetzten Hemd sahen, starrten sie ihn zuerst schweigend an, dann lachten sie und verspotteten ihn.

Er verstand aber nicht, was sie schrien. Sie warfen mit Schneebällen nach ihm, und er floh. Die Kinder rannten hinter ihm her und schrien noch lauter. Er lief um die Scheune herum, wieder aus dem Dorf hinaus, doch vor dem letzten Haus strauchelte er, und die Kinder holten ihn ein und stießen ihn zu Boden.

Da ging die Tür auf, und eine Frau trat heraus, um nachzuschauen, was das für ein Lärm wäre. Als sie den Engel im Schnee sah, scheuchte sie die Kinder davon und hob den Engel auf.

Ihr war im Sommer ein Sohn gestorben, der nicht viel größer gewesen war, und sie gab dem Engel seine Kleider, zeigte ihm seine Kammer und sein Bett und kochte ihm Suppe. Ihrem Mann gefiel das fremde Kind auch, und so blieb der Engel bei ihnen. Er lernte Wort für Wort ihre Sprache, und dann befreundete er sich auch mit den anderen Kindern. Er sagte jedoch nie, woher er gekommen war.

So verging der Winter, und der Engel sah den Schnee schmelzen, hörte den Regen auf die Schollen prasseln, ging hinter dem Mann aufs Feld und führte das Pferd beim Säen und beim Eggen. Er half der Frau im Garten umgraben und Zwiebeln setzen, sah die Blumen aus der Erde wachsen, zupfte das Unkraut, und wenn mittags und zur Vesperzeit die Glocke läutete, wenn er sich sonntags zwischen den Mann und die Frau auf die Kirchenbank setzte, erfüllte ihn eine unbestimmte Erwartung. Aber nichts geschah.

Er hörte die Sommergewitter grollen, sprang mit den anderen Kindern über das Johannisfeuer, schüttelte mit ihnen Pflaumen und pflückte im Wald Beeren und Haselnüsse.

Wenn er zu der Stelle im Tannendickicht kam, blieb er stehen und schaute empor. Er sah blauen Himmel, er sah Regenwolken, er sah einmal eine blasse Mondscheibe, und wenn er ein Mensch gewesen wäre, hätte er vor Sehnsucht geweint.

Dann wurden die Tage kürzer, morgens hing ein Dunst über den Wiesen, und der Mann und der Engel pflückten die letzten Birnen und Äpfel. Die dicksten legte die Frau in die Ofenröhre, und wenn sie das heiße, weiche, süße Fleisch gegessen hatten, zog die Frau den Engel auf den Schoß und erzählte mit leiser Stimme: Es war einmal ...

Der Engel lauschte den Geschichten, aber er fragte niemals: Was ist ein Riese? Was ist ein Zwerg? Was ein Löweneckerchen? Er saß gern auf dem Schoß der Frau, schaute gern in die rote Glut und hörte gern die leise, sanfte Stimme.

Als es kälter wurde, als alles Laub von den Bäumen gefallen war, begann er zu backen, wie er es zu dieser Jahreszeit gewohnt war. Die Frau erlaubte es ihm, weil sie ihm die Freude lassen wollte. Sie schaute seinen kleinen Händen zu, die vor Eile und Eifer silbern glänzten und sonderbar leicht mit dem Teig verfuhren. Sie half ihm, die ersten Lebkuchen auf ein Blech zu legen, und als sie gebacken waren, kostete sie ohne große Erwartung davon. Doch das Gebäck zerschmolz ihr im Munde, und es schmeckte besser als alles, was sie je in ihrem Leben gegessen hatte. So backte der Engel bald voller Vergnügen für die ganze Nachbarschaft und für alle seine Freunde.

In einer Winternacht pochte es an die Tür, und als die Frau öffnete, trat ein weißbärtiger Mann ein.

Er sagte, er habe den Weg verloren, und die Frau hielt ihn für einen Reisenden und bot ihm den Platz am Ofen an.

Der Engel jedoch, der durch den Spalt der Küchentür lugte, erkannte, wer es war: Knecht Ruprecht.

Der Knecht trank heißen Pfefferminztee und biss in ein Stück vom Engelsgebäck. Erstaunt blickte er auf und fragte: „Woher hast du den Kuchen?"

„Mein Junge hat ihn gemacht", erwiderte die Frau und zog den Engel in die Küche. Er blieb stumm vor dem Knecht stehen und wagte nicht, aufzublicken.

Der Knecht beugte sich vor, schaute ihm ins Gesicht und sagte dann: „Du bist der Bäckerengel, den ich suchen soll."

„Ja", antwortete der Engel, „nimmst du mich wieder mit?"

Der Knecht nickte, doch da warf sich der Engel der Frau an den Hals und brach in Tränen aus. „Ich war so gern bei dir", schluchzte er.

Sie verstand nicht, was geschehen war, und der Knecht berichtete, wen sie ein Jahr lang als einen Sohn beherbergt hatte.

Da küsste sie den Engel und sagte: „Freu dich, mein Kind, dass du heimkehren kannst. Ich bleibe ja nicht allein zurück, und wir behalten dich lieb und werden unser Lebtag an dich denken."

Er schaute den Mann an, und als er auch nickte, bedankte sich der Engel bei den beiden, ergriff Knecht Ruprechts Hand und trat mit ihm aus dem Hause.

Als sie ein paar Schritte gegangen waren, brach ein Licht wie ein Weg aus der Nacht, und sie betraten diese Straße und gingen zurück in den Himmel.

Sybil Gräfin Schönfeldt

Die Weihnachts-Wettermacher

Wie jeder weiß, ist der heilige Petrus als Wetterpatron dafür zuständig, dass es immer genug Sonne und Regen gibt, damit man auf der Erde gut leben kann. Das ist eine sehr wichtige, anstrengende Arbeit, und so war es kein Wunder, dass der Alte irgendwann kurz vor Weihnachten ziemlich erschöpft war.

Petrus stöhnte: „Autsch, ich habe solche Rückenschmerzen! Furchtbar müde bin ich, das kann man sich kaum vorstellen!"

Er spielte gedankenverloren mit dem dicken Schlüsselbund, der an seinem Gürtel hing.

„Kein Wunder! Seit zweitausend Jahren bin ich hier im Himmel nicht nur für die Pforte zuständig, sondern noch für tausend Sachen mehr. Nie habe ich auch nur einen einzigen Tag Urlaub gehabt! So geht es nicht weiter!"

„Ganz recht, Petrus, du hast einfach zu viel um die Ohren. Ständig will jemand etwas von dir, dauernd klingelt es an der Himmelstür, und so ganz nebenbei sollst du auch noch das Wetter machen – das kann auf die Dauer nicht gut gehen!", meinte mitleidig der dicke Engel Flora. „Geh doch mal zum Chef und reiche Urlaub ein!"

Petrus hatte da so seine Bedenken, weil er sich für unersetzlich hielt, aber nachdem er in der folgenden Nacht vor Kreuzschmerzen kaum geschlafen hatte, beschloss er, doch zu tun, was seine Freundin geraten hatte. Er bürstete seinen langen, grauen Bart, bügelte sein bestes Gewand und ging schnurstracks zum lieben Gott.

Als er vor dem Thron stand, druckste er eine ganze Weile herum.

„Jetzt aber heraus mit der Sprache!", meinte Gott. „Oder vielmehr – du brauchst gar nichts zu sagen, ich weiß ja sowieso alles. Nun, Urlaub willst du? Den sollst du auch haben, hast ihn dir redlich verdient. Am besten fährst du mal irgendwo hin, wo es ruhig ist, und spannst ein paar Wochen gut aus. Eine Weltreise auf der Erde wäre bestimmt das Richtige! Was die Vertretung betrifft: Ich denke, Flora steht so oft auf ein Schwätzchen bei dir an der Pforte, dass sie die Arbeit dort auch allein schafft!"

„Ja, aber das Wetter?", fragte der Graubart. „Wer kennt sich denn damit aus? Ich habe da so meine Tricks, wie alles am besten funktioniert! Gerade jetzt zu Weihnachten haben die Menschen da so viele Wünsche …"

„Das lass mal meine Sorge sein", antwortete Gott. „Los mit dir, die Koffer sind schon gepackt! Gute Erholung!"

Gott hatte sich schon genau überlegt, wer der beste Stellvertreter für den erschöpften Wettermacher wäre, und seine Wahl war auf Johannes gefallen, den besten Freund seines Sohnes. Aber der Heilige lag gerade mit einer dicken Grippe im Bett, hatte hohes Fieber und konnte nicht aufstehen. Die anderen großen Engel und Heiligen mussten so viele Aufgaben bewältigen, dass auch sie keine Zeit zum Wettermachen fanden.

„Gut", dachte Gott, „dann müssen wohl mal die Jungengel zeigen, was sie können!"

Schon rief er sie herbei: „Dagobert, Philibert, Kunibert und Robert, sofort zu mir!"

Die vier freuten sich sehr, zu hören, welch wichtige Aufgabe Gott ihnen anvertrauen wollte. Alle versprachen, ihr Bestes zu geben. Da sie aber rechte Faulpelze waren, beschlossen sie, sich den Job möglichst leicht zu machen.

„Wie der alte Petrus das hinkriegt mit dem Wetter, weiß ich ja nicht", meinte Kunibert, „aber ich finde, wir sind Engel der modernen Generation. Wir nehmen einfach den Computer. Ich habe neulich mit Dagobert ein Wetterprogramm entwickelt und finde es klasse, dass wir es nun ausprobieren können!"

„Muss man es nicht erst in den Testbetrieb stellen?", fragte der vorsichtige Robert.

„Ach, Quatsch, es wird schon laufen – außerdem haben wir keine andere Möglichkeit. Wir wissen nicht, wie man Wetter von Hand macht, aber wir brauchen welches. Oder?", erwiderte Dagobert. „Also sofort Echtbetrieb!"

Die vier stürmten zu ihrem Rechner und warfen ihn an. Kunibert klickte mit der Maus hier und dort. Schon sah man auf dem Bildschirm eine große Landkarte, die die ganze Erde zeigte.

„Ich mach mal die Sonne an", beschloss Philibert. Er klickte die kleine gelbe Scheibe am Bildrand an. Sofort wurde es heller auf der Erde.

„Stärker!", bettelte Robert. Mit einem Doppelklick auf das Sonnensymbol sorgte sein Freund dafür, dass es überall ordentlich warm wurde.

„Klasse!", staunte der Kleine.

„Ich probier mal den Schnee!", schlug Dagobert vor, und schon nach dem ersten Mausklick auf das Flockensymbol begann es allerorten leise zu rieseln.

„Schneesturm", jubelte Kunibert, doppelklickte auf die Flocke und auf das pausbäckige Windsymbol.

„Das ist ja wohl überklasse!", rief Philibert. „Mal sehen, ob der Hagel klappt!"

Robert zog mit der Maus dicke Regenwolken hin und her über die ganze Erde, die Philibert kichernd mit einem Klick zum Platzen brachte.

„Noch etwas Nebel vielleicht!", schlug einer der Engel vor. Der Bildschirm zeigte sogleich nur noch ein verschwommenes Bild in Grautönen.

Alle schwatzten aufgeregt durcheinander, planten begeistert eine Network-Wetterparty und probierten jede noch so kleine Funktion des Programms aus.

Auf einmal fuhr etwas wie ein großer Blitz über den Monitor. Fort war das Bild, alles schwarze Stille.

Entsetzt schauten die kleinen Engel sich an.

„Abgestürzt, aber total. Da ist nichts mehr zu retten!", jammerte Kunibert. „Was sollen wir jetzt bloß machen?" Betreten schwiegen alle. Was hatten sie da nur angerichtet?

„Wie können wir das je wieder gutmachen? Alle hier im Himmel haben uns vertraut!", weinte Robert.

Eine ganze Weile später hörten die Jungengel plötzlich das Geräusch herannahender Schritte. Donnernd erhob sich eine Stimme.

„Ihr dummen Kleinengel! Was macht ihr denn da? Ihr habt mir meinen ganzen Urlaub verdorben. Am Nordpol waren es fünfzig Grad. Dabei hat es aus vollen Kübeln gegossen, dass die Eisbären die Badehosen auspackten. Ein Schneesturm hat mich aus Afrika vertrieben, obwohl die Sonne heiß schien. Auf Mallorca war so ein Nebel, dass ich gar nicht gesehen habe, wie der Hagel begann. Als ich gerade meine Koffer packen wollte, um woanders hinzufahren, gab es ein riesiges Gewitter, alles wurde pechschwarz und nun – nun gibt es auf der ganzen Erde überhaupt kein Wetter mehr. Ihr habt alles kaputt gemacht!

Die Pflanzen wissen nicht, ob sie wachsen sollen oder gerade Winter ist. Die Tiere spüren große Angst und haben sich versteckt. Alle Menschen schimpfen, dass das doch kein Wetter ist. Und sie haben Recht! Nun ratet mal, wem sie die Schuld geben? Petrus, dem Wettermacher! Mir! Drei Monate Computerverbot für euch alle!!! Jetzt kommt mit, ihr Lausebengel, wir müssen zusehen, dass alles wieder schnellstens in Ordnung kommt, bevor die Katastrophe noch größer wird! Bis Weihnachten muss alles wieder stimmen!"

Er packte zwei der Jungengel am Schlafittchen und trieb die anderen vor sich her.

„Du putzt die Sonne!", sagte Petrus zu Robert. Kunibert musste den erschöpften Wind aufpumpen, Philibert polierte jedes Hagelkorn blitzeblank. Dagobert schließlich hatte einen riesigen Berg vor sich, aus dem er Schneeflocken und Regentropfen auseinander sortierte.

Nach vielen Stunden harter Arbeit war Petrus endlich zufrieden.

„So wird es gehen!", meinte er. „Nun schaut gut zu, wie man Wetter macht!"

Liebevoll sang er von Sonne und Regen, Wind und Schnee, Wärme und Kälte, und jedes ging an den Platz in der Welt, wo es gerade gebraucht wurde.

„Morgen fange ich an, euch das Weihnachts-Wetterlied beizubringen", versprach der alte Graubart. Er zwinkerte den Jungengeln zu: „Damit ihr fit seid, wenn ich in zweitausend Jahren meinen nächsten Urlaub einreiche!"

Maria Sassin

Unterwegs mit einem Weihnachtsengel

Sie fühlte sich ungewohnt an, die menschliche Gestalt, die der Weihnachtsengel vorübergehend angenommen hatte, um den Menschen so nahe wie möglich kommen zu können, ohne dass sie, bei aller Freude, über seinen Anblick erschraken. Heute, am Montag nach dem 4. Advent, war er in einer kleinen Stadt unterwegs und hatte sich fest vorgenommen, möglichst viele Menschen zu Hause zu besuchen, um ihnen die Weihnachtsbotschaft zu überbringen. Gerade stand er vor einem großen Haus und überlegte, auf welchen der Klingelknöpfe er zuerst drücken sollte, da öffnete sich die Eingangstür. Eine grauhaarige Frau kam heraus mit einer vollen Mülltüte. Am anderen Arm hingen ihre Tasche und ein Gehstock. „Guten Tag, kann ich Ihnen behilflich sein?", fragte der Weihnachtsengel freundlich. Die Frau beäugte ihn misstrauisch. „Wer sind Sie", fragte sie, „dass Sie mir helfen wollen, obwohl wir uns gar nicht kennen?" Der Weihnachtsengel wollte sich vorstellen, doch in diesem Moment öffnete sich erneut die Tür. „Belästigt der Mann Sie etwa?" Ein Mann um die fünfzig wandte sich an die Frau. „Vor Weihnachten ist es besonders schlimm mit Bittstellern aller Art und Tagedieben, die ehrlichen Menschen das Geld aus der Tasche ziehen wollen!" Die Frau schüttelte den Kopf. „Ich komme zurecht", sagte sie, drehte sich um und ging zum Mülleimer. Der Weihnachtsengel aber war entrüstet. „Hören Sie", sagte er zu dem Mann gewandt, „ich bin in Sachen Weihnachten unterwegs und bringe nichts als frohe Botschaft!" Doch bevor er weiterreden konnte, war der Mann längst davongegangen, und auch die Frau hatte sich schon einige Schritte entfernt. Erneut wandte sich der Weihnachtsengel zum Klingelschild und drückte auf den dritten Knopf von unten. Bald darauf öffnete sich ein Fenster. Ein Frauenkopf mit braunen Haaren beugte sich über die Brüstung. „Ja, bitte", rief sie, „kann ich was für Sie tun?" „Nichts außer Zuhören", entgegnete der Weihnachtsengel. „Es dauert nicht lange, wird sie aber umso länger erfreuen!" Die Frau schüttelte den Kopf. „Sie sind der dritte heute, es ist eine echte Plage mit euch Vertretern! Außerdem kaufe ich grundsätzlich nichts an der Haustür!" „Ein Missverständnis", rief der Weihnachtsengel hinauf zu ihr, ich bin kein Vertreter, sondern ..." Doch gerade als er weitersprechen wollte, bog das Müllauto um die Ecke und verursachte einen derartigen Lärm, dass die Frau sich die Finger in die Ohren steckte und schnell das Fenster schloss. Der Weihnachtsengel jedoch gab nicht auf. Entschlossen drückte er erneut auf eine Klingel. Bald hörte er eine kindliche Stimme aus der Sprechanlage „Hallo" sagen. „Guten Tag", beeilte er sich zu antworten, „ich bin der Weihnachtsengel und möchte dich gerne besuchen!" „Wirklich?" Die Kinderstimme klang verunsichert. „Wir hatten noch nie Besuch von einem Weihnachtsengel!" „Heute schon, wenn du mich reinlässt! Du wirst dich wundern, was ich alles zu erzählen habe!" Die Kinderstimme schwieg eine kleine Weile. „Es geht nicht, schade", murmelte sie schließlich, „denn ich bin alleine zu Hause und darf keine Fremden hereinlassen!" „Na ja, normalerweise ist das richtig, aber bei mir könntest du wirklich eine Ausnahme machen, oder?", bat der Weihnachtsengel. Doch statt der Kinderstimme hörte er nur ein Knacken in der Sprechanlage und dann nichts mehr.

Es kann doch nicht sein, dass ich niemand in diesem großen Haus die Weihnachtsbotschaft überbringen kann, dachte der Engel! Diesmal muss es klappen! Er wählte den Klingelknopf ganz oben. Schon bald summte der Türöffner, und der Engel stieg ungezählt viele Treppenstufen hinauf bis zur letzten Wohnungstür. Die war angelehnt, so dass er eintreten konnte. Er ging durch einen Flur, und bald stand er in der guten Stube. Die war winzig und vollgestellt mit Möbeln. Am Fenster stand ein Krankenbett, darin eine Frau. Vor ihr auf einem Stuhl saß ein Mann. Beide blickten den Engel erwartungsvoll fragend an. „Dass sich zu uns einmal Besuch verirrt und das so kurz vor Weihnachten, wo doch eigentlich niemand Zeit hat! Was führt Sie zu uns?" Der Mann schwieg jetzt. Die Frau aber lächelte und bedeutete dem Weihnachtsengel mit einer Geste, dass er sich setzen möge. „Es ist die Weihnachtsbotschaft, die mich zu Ihnen führt", sagte der Engel. „Sie soll Sie beide erfreuen und stärken, damit alles hell werde in Ihnen. Zuversichtlich und getröstet sollen Sie sein, wenn Sie meine Worte hören!" Dann begann er, die Weihnachtsgeschichte zu erzählen, und indem er es tat, verbreitete sich ein Glanz in dem kleinen Zimmer, der in die Gesichter der beiden Zuhörer ein seliges Lächeln malte.

Als er geendet hatte, erhob sich der Mann, ging auf ihn zu, ergriff seine Hände und dankte ihm. Auch die Frau streckte ihre rechte Hand nach dem Weihnachtsengel aus. Der trat zu ihrem Bett, und als er nahe genug herangekommen war, hörte er die Frau flüstern: „Sie müssen ein Engel sein!" „Ja, in der Tat, das bin ich", erwiderte der und war einigermaßen erstaunt, „und mein Segen wird hierbleiben, wenn ich schon längst wieder fort bin. Für heute habe ich mir noch einiges vorgenommen, denn es gibt allzu viele Ohren, die die Weihnachtsbotschaft lange nicht gehört haben!" Die Frau nickte verständnisvoll. „Dann wollen wir Sie nicht länger aufhalten", erwiderte sie leise, „unser Dank und unsere guten Wünsche begleiten Sie!"

Der Weihnachtsengel verneigte sich und ging zur Tür. Als er wieder draußen im Treppenhaus stand, beeilte er sich, die vielen Stufen hinabzugehen. Fast sah es aus, als würde er nach Engel Art hinunterfliegen, so froh war er!

Angelika Wolff

Einen Engel erkennt man erst,
wenn er vorübergegangen ist.

Jüdisches Sprichwort

Der vergessene Engel

Ich glaube, wir haben den Engel vergessen. Den auf dem Feld. Wir sind zu schnell losgerannt, zusammen mit den aufgeregten Hirten, begierig, das große Wunder nicht zu verpassen. Das Licht. Wir sind zu schnell losgerannt zum Stall. Das Kind, der neue König, die außerordentliche Geburt. Welch eine Nachricht! Wir wollten es unbedingt sehen. Wir wollten dabei sein.

Aber der Engel, der ganz zuerst auftauchte, der, der uns zurief, dass wir uns nicht fürchten sollen, der es wagte, vom Frieden zu sprechen, den haben wir stehen lassen, unter dem großen, dunklen, unendlichen Himmel. Auf dem Feld. Ganz einsam. Wir haben den Engel vergessen und das, was er zuerst sagte. Dass wir uns nicht fürchten sollen. Dass Frieden möglich ist. Heute. Morgen. Jeden Tag. Wenn wir es nur wollen.

Doris Bewernitz

Der Engel, der nicht fliegen konnte

Es war einmal, so beginnen selbst im Himmel die Märchen, ein junger Engel, der ganz neu zu den himmlischen Heerscharen gekommen war. Er tat sich von Anfang an schwer mit dem Leben als Engel, doch machte ihm ein Problem ganz besonders zu schaffen. Er kam, so merkwürdig das auch für die himmlische Welt klingen mag, mit seinen Flügeln nicht zurecht. Anfangs drückten sie ihn, dann juckte es ihn gerade an den Stellen, an denen sie ihm gewachsen waren, am Rücken, ohne dass es ihm möglich war, sich zur Erleichterung ein wenig zu kratzen. Vor allem mit dem Fliegen tat er sich schwer. Sosehr er sich auch bemühte, es wollte ihm einfach nicht gelingen, sich mehr als ein paar Meter hoch von einer Wolke abzuheben. Zu groß war die Angst, nach wenigen Sekunden ungeschickt wieder abzustürzen, wie er es nach seinen ersten Flugversuchen mehrmals erlebt hatte. Am liebsten wäre er diese lästigen Dinger an seinem Rücken wieder losgeworden. Äußerungen in dieser Richtung stießen allerdings bei seinen Mitengeln auf herbe Kritik. „Zu einem Engel gehören nun einmal die Flügel dazu", meinten die anderen.

„Aber wozu denn?", fragte der Neue leicht bockig. „Von Liebe und Frieden singen und Gott loben kann ich doch schließlich auch ohne diese Wedel dahinten dran."

„Was sind denn das für Ausdrücke!", mahnte ihn einer der Oberengel aufgebracht, dem es oblag, die Kleinen in die Ordnungen des himmlischen Gemeinschaftslebens einzuführen. Er holte tief Luft und fügte dann in ruhigem Tonfall hinzu: „Die Flügel brauchen wir, um uns leise und leicht in engelsamer Geschwindigkeit von einem Ort zum anderen zu bewegen. Wir werden oft ganz schnell an weit entfernten

Orten gebraucht und könnten nicht helfend eingreifen, wenn wir uns mühsam und schwerfällig auf Füßen bewegen würden – wie die Menschen auf der Erde."

Der Kleine nickte resigniert. Die Antwort des Oberengels leuchtete ihm ein. Dennoch fühlte er sich irgendwie fehl am Platze. Aber er wollte es nicht an seinem guten Willen fehlen lassen. Jeden Tag erprobte er sich in neuen Flugversuchen. Doch die Angst, zu versagen und von den anderen nicht als richtiger Engel anerkannt zu werden, lähmte ihn. Sooft er auch zum Fliegen anhob, immer wieder stürzte er ab, bis er seine Anstrengungen eines Tages völlig aufgab.

Zu dieser Zeit kümmerte es auch keinen der Engel mehr, wie es um ihn stand. Alle waren unablässig damit beschäftigt, sich auf die Geburt von Gottes Sohn vorzubereiten, die in wenigen Wochen auf der Erde in einem völlig unbedeutenden Ort namens Betlehem stattfinden sollte. Wenigstens fiel er im Engelchor nicht unangenehm auf. Er sang das „Gloria in excelsis Deo" so klar und rein, dass er zumindest hier als richtiger Engel anerkannt wurde.

Endlich kam der Tag, an dem das wunderbare Ereignis stattfinden sollte. Aufgeregt flatterten alle Engel hin und her, suchten ihre Liedblätter zusammen, stimmten ihre Harfen und Posaunen und machten sich bereit für den gemeinsamen Flug gen Israel. „Nun komm schon!", rief der Oberengel dem Kleinen zu. „Du wirst doch diese einmalige Stunde in der Weltgeschichte nicht versäumen wollen?" Mühsam versuchte der junge Engel, seine Flügel zu bewegen, aber auch dieser erste Versuch seit langer Zeit misslang kläglich.

„Dann musst du eben hier oben bleiben!", riefen die anderen einmütig im Chor. „Wir müssen jetzt los." Traurig nickte der kleine Engel und verharrte, als sich die anderen alle hoch in die Lüfte aufschwangen, einsam und verlassen auf seiner Wolke.

Wer je behauptet haben mag, dass Engel keine Tränen kennen, wurde in diesem Augenblick Lügen gestraft. Der junge Engel schluchzte so tief, dass sogar sein Heiligenschein Gefahr lief, aufgrund der seelischen Erschütterungen von seinem Kopf zu fallen.

Doch die Tränen versiegten, und der junge Engel war zu neugierig, um nicht doch einen Blick auf die Erde zu werfen, just dahin, wo die anderen gerade das Wunder des göttlichen Geheimnisses priesen. „Halleluja", sangen sie aus voller Kehle und danach das „Ave Maria", das er so oft mit ihnen zusammen geübt hatte. Dann aber verhießen ihre Stimmen, dass nun durch die Geburt des Heilands alle Leiden und Schmerzen überwunden würden und jede zerrissene Seele heil werden könne. Niemand müsse sich mehr fürchten oder Angst davor haben, zu versagen oder angeblich nichts wert zu sein. Das Wunder von Weihnachten bedeute, dass niemand nach seinen Leistungen bewertet werden dürfe, sondern dass sich jeder in aller Freiheit zu dem entfalten könne, der er ist.

Diese Töne trafen den kleinen Engel mitten ins Herz. Wenn diese Worte nicht nur den Menschen auf der Erde, sondern auch ihm gelten würden, dann bräuchte er sich seiner Unfähigkeit beim Fliegen nicht länger zu schämen. Demnach gab es in dieser neuen Welt keine Unterscheidung mehr zwischen Könnern und Versagern. Dann hatte jeder ein Recht darauf, er selbst zu sein, mit all seinen Begabungen, aber zugleich auch mit seinen Fehlern und Schwächen. Dann musste er sich nicht länger davor fürchten, von den anderen belächelt, verachtet oder gar aus dem Kreis der Engel ausgestoßen zu werden.

Ein unglaubliches Glücksgefühl durchfuhr ihn. Er war innerlich so beschwingt, dass er ganz unmerklich seine Flügel bewegte und sie vor Begeisterung über das, was er gehört hatte, derart kraftvoll bewegte, dass er sich – das erste Mal in seinem Engeldasein – weit in die Lüfte erhob. „Halleluja", sang er aus vollem Herzen und eilte mit mächtigen Flügelschlägen hin zu dem Ort, an dem sich das Wunder des Heils ereignet hatte. Unmerklich mischte er sich unter die jubelnde Engelschar. Als diese das große „Gloria in excelsis Deo" anstimmte, war er es, der das Wunder von Weihnachten am lautesten pries.

Christa Spilling-Nöker

Vom Engel, der sein Herz verschenken wollte

„Hallo, wo willst du denn hin?" Mit lautem Rufen holte Raphael, der gerade die Aufsicht über die jüngeren Engel hatte, den kleinen Joel zurück. Widerwillig kam er an. „Ich muss mal ganz dringend auf die Erde", schniefte er, und seine Stimme klang schwer, was bei einem so leichten Engel merkwürdig war. „Ich kann das nicht mehr mit ansehen, was da so abgeht ..." Raphael kratzte sich an seinem rechten Flügel. Der kleine Joel war ihm schon von Anfang an aufgefallen. Ein waches Kerlchen mit dem reifen Blick eines Alten, wo soll das nur enden? „Was ist los? Was gefällt dir auf der Erde nicht? Es hat schon seine Gründe, dass wir das Ganze oft auch aus der sicheren Distanz anschauen. So können wir diese Menschenherde besser bewachen und behüten."

„Die haben kein Herz mehr. Darf ich gehen und ihnen welche von meinen schenken?" Oh, das war eine schwere Entscheidung für Raphael, denn eigentlich waren solche Ausflüge erst ab einem Engelalter von 2500 Jahren erlaubt, und das mit dem Herz verschenken war eh eine heikle Sache, aber bei Joel könnte er ja mal eine Ausnahme machen. „Du darfst", antwortete er schließlich. Und der junge Engel verlor kein Staubkorn der Ewigkeit und flog ab. Wenig später landete Joel in der Fußgängerzone einer Großstadt. Überall diese Hektik. „Wer will ein Herz, wer will ein Herz?", rief er laut, aber keiner schien ihn zu hören. „Halt, rennt euch nicht um, seid nicht so herzlos", aber auch das fand keinen Eingang in die Menschenohren. Mutlos setzte sich Joel auf einen Bordstein und machte ein Nickerchen. Ein zartes Stimmchen, das zu der kleinen Marie gehörte, weckte ihn aus seinen himmlischen Träumen. „Die sind so gemein ...", schluchzte die Kleine verzweifelt, „die haben kein Herz. Hast du welche übrig?", fragte sie ihn. Joel horchte auf und dachte an seine Mission.

„Ja, ungefähr für jeden Menschen eins", antwortete Joel, „der Himmel hat gedacht, man brauche auf Erden ein wenig Reserve."

Marie machte große Augen. „So viele?"

„Ja", gab der kleine Engel zu, „und ich verrat dir jetzt mein Geheimnis." Joel nahm Marie zu sich unter die Flügel, und die beiden tuschelten und kicherten so, dass es fast noch Stadtgespräch geworden wäre. Doch was die zwei da aussheckten, ist leider nicht bekannt, wie das bei Geheimnissen eben so ist. Doch am nächsten Tag stand es groß in der Zeitung: Erster Tag ohne einen einzigen Polizeieinsatz in der Stadt. Forscher rätseln noch.

„Das hast du sehr gut gemacht", lobte der alte Raphael und drückte den kleinen Joel herzlich, als dieser zurück durch die Himmelspforte geflogen kam. „Wann bist du bereit für deinen nächsten Ausflug?"

Cornelia Elke Schray

**Jeder von uns ist ein Engel mit nur einem Flügel.
Wir können nur fliegen, wenn wir einander umarmen.**

Luciano de Crescenzo

Der Straßenkehrer und das Engelshaar

In der Nacht war Schnee gefallen, und dann hatte es gefroren. Der Straßenkehrer zog sich wärmer an als sonst: mit der roten Pudelmütze, dem langen blauen Wollschal und den dicken, roten Handschuhen. Leider hatten die Motten große Löcher hineingefressen; so schaute an beiden Händen der Daumen heraus und an der linken Hand auch noch der Zeigefinger. Traurig betrachtete der Straßenkehrer die nackten Finger, während er zur Winterstraße ging. Heute brauchte er noch keine Schneeschaufel; aber wenn es so weiter schneite, würde er mit dem Besen allein nicht mehr auskommen. Während er so die Straße kehrte, sah er auf einmal etwas im Schnee glitzern, etwas Silbernes. Zwar leuchtete der Schnee in den ersten Sonnenstrahlen selber wie Silber, aber das Etwas glitzerte noch viel heller.

Es war ein langer, silberner Faden, den der Straßenkehrer aufhob. „Engelshaar", sagte er andächtig, „das Haar von einem Engel!" Und er wickelte das schimmernde Haar um seinen linken Zeigefinger, der am meisten fror. Das Engelshaar sah wunderhübsch aus – und es wärmte! Nicht nur der Zeigefinger wurde warm, sondern die ganze linke Hand.

„Guten Morgen Straßenkehrer", rief Fräulein Wunderlich, vor deren Garten er das Engelshaar gefunden hatte. Sie war zu ihrem Vogelhäuschen unterwegs, um den Meisen und Spatzen Futter zu bringen. „Was hast du da Hübsches am Finger?"

„Engelshaar", sagte der Straßenkehrer stolz. „Jetzt macht es mir überhaupt nichts mehr aus, dass meine Handschuhe Löcher haben."

Fräulein Wunderlich lächelte ihm freundlich zu. Dann ging sie ins Haus zurück, holte rote Wolle und fünf Stricknadeln aus der Schublade und fing an, dem Straßenkehrer Handschuhe zu stricken. Sicher

hat das der Engel so gemeint, dachte sie, als er sein Haar gerade vor meinen Garten legte.

Inzwischen kehrte der Straßenkehrer weiter die Winterstraße. Ab und zu blieb er stehen und betrachtete glücklich seinen linken Zeigefinger. Da kam die alte Zeitungsfrau vorbei. Sie trug ihre Hände in die Schürze gewickelt, weil sie ihre Handschuhe verloren hatte.

„Frierst du?", fragte sie der Straßenkehrer. Die alte Zeitungsfrau nickte. Der Straßenkehrer zögerte einen Augenblick, dann löste er das Engelshaar von seinem linken Zeigefinger und gab es der Zeitungsfrau.

„Du musst es um deine Hand wickeln", sagte er, dann frierst du nicht mehr." Und merkwürdig! Nicht nur die Hände der alten Zeitungsfrau wurden warm – auch die des Straßenkehrers blieben es, ja, sie wurden sogar noch wärmer, als sie gewesen waren.

Eva Marder

Der Flügel des Engels

Jakob Kempowski ist 48, unverheiratet und nicht viel in der Welt herumgekommen. Allerdings hat das auch keiner je von ihm erwartet. Dass er in der Nacht vor dem Heiligen Abend auf einer Brücke hoch über der Stadt steht, entschlossen, Viertel vor zwölf zu springen, mag deshalb umso mehr überraschen, als Jakob immer ein ziemlich ängstlicher Mensch gewesen ist.

Jedoch er hat es endgültig beschlossen. Um 23.45 Uhr springt er. Er wird keine Lücke und erst recht keinen Menschen hinterlassen. Niemand wird ihn vermissen nach diesem Sprung in einen Fluss, der sich tief unter ihm durch die Nacht wälzt.

Nein, es gibt keinen besonderen Grund mehr für Jakobs Entscheidung. Vor einigen Jahren wäre es vielleicht zu verstehen gewesen, damals, als Anna einfach aus seinem Leben wegging.

Sie sagte es ihm beim Fernsehen, nach einem Tag an der Stanzmaschine, so wie heute. Erst hatte sie mit ganz normaler Stimme „Gib doch mal die Fernbedienung rüber" gesagt und im nächsten Augenblick „Jakob, ich geh weg von dir" mit genau der gleichen Stimme, und kein einziges böses Wort war bis dahin zwischen ihnen gefallen.

Sie standen plötzlich am Ende eines Weges, den sie kurze Zeit gemeinsam gegangen waren. Irgendwann hatte dann leise eine Tür geklappt, und Jakob war wieder alleine.

Seitdem klafft ein Loch aus quälendem Unbehagen in seinem Innern, ein Riss geht quer durch sein Wohlbefinden. Ein Riss, der sich immer weiter vorwärts frisst und zusehends breiter wird.

Jakob hat begriffen, dass dieses Jahr genauso ist wie das vorige und das Jahr davor und das Jahr davor …

Sein Leben ist ihm lästig. Es reicht gerade aus, um einen Schuhkarton zu füllen, und wenn er anfängt darin nach einem Sinn zu suchen, dann kann er den nirgendwo finden. Er sagt sich, ein Mensch sollte nicht an der Monotonie des Seins kränkeln, doch genau das tut er seit einiger Zeit. Er kommt nicht daran um, aber er kränkelt und weil das ein stetes Gefühl ist, leise zwar, aber dennoch nicht länger zu überhören, will er um Viertel vor zwölf von der Brücke springen.

Um halb zwölf kommt unerwartet Wind auf, der für diese Nacht in keiner Wettervorhersage erwähnt worden ist. Da und dort wirbeln die ersten durchsichtigen Schneewolken heran, federleicht und zart fliegt es durch die Dunkelheit, die nun so finster gar nicht mehr ist.

Mag der Himmel wissen, woher die Helligkeit auf einmal kommt, wahrscheinlich liegt es am Schnee, der Jakob jetzt ins Gesicht weht und sich auf seinen Mantelkragen legt. Er kann die Feuchtigkeit schon fühlen, ihm wird kalt. Als er sich schließlich einmal halb umwendet, um den Schnee abzuklopfen, entdeckt er jemanden, der rasch die Brücke heraufkommt.

Jakob hat mit niemandem gerechnet, nicht zu dieser Zeit an diesem Ort. Der andere hat ihn nun auch gesehen und ruft schon von Weitem: „Meine Güte, was für ein Wetter! Hätte ich das gewusst, wäre ich gar nicht losgegangen!"

Er kommt näher, und mit jedem Schritt, den er auf Jakob zu macht, verstärkt sich der Wirbel der Schneeflocken, die dick und weich sind.

„Jetzt bin ich aber aus der Puste", sagt der Mann und bleibt vor Jakob stehen. Er lacht dabei und fügt dann mit einem kleinen Zögern hinzu: „Ich sehe, Sie rauchen. Sie hätten nicht zufällig ...?"

„... eine Zigarette übrig?" Jakob greift bereits in seine Manteltasche. Der andere ist etwas verlegen. „Ich hab's mir eigentlich längst abgewöhnt, aber manchmal ... Es gibt so Situationen im Leben ... Sie kennen das vielleicht auch ..."

Jakob nickt. Ja, er kennt das, bedeutet dieses Nicken. Es gelingt ihm irgendwie, dem Mann für die Zigarette Feuer zu geben, wozu sie sich beide dicht zueinander stellen, damit das Streichholz im Schneesturm nicht erlischt.

„Ich komme immer am Abend vor dem 24. Dezember auf diese Brücke", sagt der Mann dann. „Hab' da so meine Erinnerungen ... Mir ging es mal ziemlich schlecht. Kennen Sie das Gefühl, wenn man meint, älter zu sein als die Welt, und das eigene Leben hat einem die Tür vor der Nase zugeschlagen und steht davor und lacht sich ins Fäustchen? Da kommt man irgendwann an einen Punkt ..."

„Ja", sagt Jakob.

„Mein Inneres war wie verrostet", fährt der Mann fort. „Nichts ging mehr. Es gab auch nichts, was mich noch hielt. Ich war immerzu und bei allem andauernd nur – draußen."

„Ja", sagt Jakob weiter. Und dann: „Sie sehen ja total verfroren aus. Kommen Sie, nehmen Sie meinen Mantel."

Der Mann wirft ihm von der Seite einen erschrockenen Blick zu. „Ihren Mantel? Ich? Nein, nein, das geht nicht. Natürlich, wärmer wär's schon. Aber ich, Ihren Mantel? Das geht nicht. Das kann ich nicht. Wissen Sie was? Wir teilen uns das gute Stück. Wir legen ihn uns um die Schultern. Ja, das ist wärmer. Richtig schön warm. Können Sie es auch fühlen? Aber wir dürfen hier nicht stehen bleiben. Wir holen uns ja beide den Tod."

„Ja", seufzt Jakob mit einem Blick über das Brückengeländer hinweg, dorthin, wo der Schnee schräg durch die Straßen weht und mit jedem Windstoß zu einem noch kräftigeren Gestöber wird.

„Haben Sie etwas Zeit übrig?", will der Mann wissen. „Wenn Sie Zeit haben, dann könnten wir zusammen einen Kaffee trinken. Kennen Sie das Bistro hier in der Nähe? Das ist rund um die Uhr geöffnet. Da kann man gut sitzen und reden. Keiner stört einen. Jedenfalls nicht um diese Uhrzeit. Kommen Sie?"

„Ja", antwortet Jakob, ohne zu zögern, und dann laufen sie die Brücke hinunter, während der Wind hinter ihnen ihre Fußspuren verweht.

Als eine Kirchenuhr zwölf Mal schlägt, ist die Brücke leer. Das Schneetreiben hört allmählich auf. Aus dem Bistro weht den beiden Männern der Duft von frisch gemahlenem Kaffee entgegen. Jakob muss unwillkürlich an einen Platz an einem warmen Ofen denken.

Die Männer sitzen im Bistro nicht weit von der Brücke, wo Jakob sich vorhin noch ins Wasser stürzen wollte. Sie trinken Kaffee. Den Mantel haben sie zum Trocknen auf einer Heizung ausgebreitet.

Der Mann sieht Jakob mit einem kleinen Lächeln an, um dann eine gänzlich unerwartete Frage zu stellen: „Glauben Sie, es gibt Engel?"

Darauf hat Jakob keine schlüssige Antwort. „Also, ich weiß nicht ..."

„Ich wusste es auch nicht, das dürfen Sie mir glauben. Aber als ich vor vielen Jahren da oben auf der Brücke gestanden habe und einfach nur noch wegwollte von allem ... Also, da ist mir was passiert ... Ich erzähl's eigentlich nicht so gerne, aber irgendwie ist das bei Ihnen was anderes ... Doch vielleicht sollte ich überhaupt erst mal Sie erzählen lassen?"

„Ja", hört Jakob sich da zu seinem eigenen Erstaunen sagen. Und er sagt es auch jetzt, ohne zu zögern.

Doch ehe er anfängt zu reden, da streift ihn eine Erkenntnis wie mit einem mächtigen Flügel, nämlich, dass das Leben die meiste Zeit ereignislos sein mag, manchmal vielleicht sogar fade.

Aber es hat eben auch solche Augenblicke: Ein Mensch gegenüber, der zuhört. Eine Tasse heißen Kaffee vor sich und einen sternenklaren Nachthimmel über sich.

Der Mann lässt Jakob viel Zeit.

„Erzählen Sie es mir", lädt er ihn schließlich ein. „Sagen Sie mir, wie alles gekommen ist. Warum Sie da oben standen, so, wie ich vor ein paar Jahren."

Und Jakob fängt an zu reden.

Renate Schley

Wir können die Engel nicht sehen.
Aber es ist genug, dass sie uns sehen.

Charles Haddon Spurgeon

Sternschnuppen

Nach den Feiertagen war Oskar wieder einmal frustriert. Schon seit Jahren dachte er über eine Lösung nach. Es konnte doch nicht sein, dass gerade zu Weihnachten, dem Fest der Liebe, eine solche Ungerechtigkeit herrschte! Seit Oskar Engel war, hatte er nämlich beobachtet, dass diejenigen, die sowieso schon vom Glück begünstigt waren, die gesund waren, von allem genug hatten, im Kreis ihrer Familie oder mit Freunden feierten, auch noch am meisten Geschenke bekamen. Die Alten, Kranken und Einsamen aber, die doch eine Freude viel nötiger brauchten, gingen oft leer aus. Das ließ Oskar keine Ruhe, und er überlegte fieberhaft, wie er das ändern könnte.

Alle Unglücklichen an diesem Abend aufzusuchen, war ihm einfach nicht möglich. Er hatte es versucht. Doch auch die Kraft eines Engels ist begrenzt. Wenn er aber nur zwei oder drei an diesem Abend besuchte, das war doch ein Tropfen auf einen heißen Stein!

Deshalb hatte er es in diesem Jahr anders gemacht. Am Heiligen Abend war er von einem Unglücklichen zum nächsten geflogen, hatte jedoch nur kurz durch ihre Fenster geschaut und ihnen zugewunken. Und dabei war ihm etwas aufgefallen. Gerade die Unglücklichen hatten scheinbar von allen Menschen am meisten Zeit. Fast alle hatten am Fenster gestanden und in den Himmel geschaut.

Oskar überlegte. Natürlich, diese Menschen warteten. Vielleicht auf ein kleines Wunder. Eine Sternschnuppe vielleicht, an die sie einen Wunsch richten konnten.

Und da kam Oskar eine Idee. Er würde ganz, ganz viele Sterne basteln und sie am Heiligen Abend alle auf einmal vom Himmel fallen lassen, genau für die, die sehnsüchtig und einsam am Fenster standen. Sicher, auch damit würde er nicht alle von ihnen trösten können, aber bestimmt mehr als zwei oder drei.

Beschwingt machte er sich an die Arbeit. Das ganze Jahr über bastelte er Sterne. Große und kleine, weiße und gelbe, goldene und silberne, kunstvolle und einfache. Tag für Tag machte er nichts anderes, und jeden Tag hatte er mehr Freude daran.

Zum nächsten Weihnachtsfest hatte Oskar einen ganzen Sack voller Sterne beisammen. Und als der Heilige Abend herankam und der Himmel sich verdunkelte, da breitete er seine Flügel aus und flog mit seinem Sternensack so hoch er konnte. Dort öffnete er ihn, und ein leuchtender Strom fallender Sterne ergoss sich Richtung Erde.

Auch wenn die Astronomen am nächsten Tag von einer schier außergewöhnlichen Himmelserscheinung sprachen und davon, dass ihre computergesteuerten Fernrohre entgegen aller berechneten Wahrscheinlichkeiten und Vorhersagen eine noch nie dagewesene Menge Sternschnuppen gesichtet hatten – wir, die wir die Geschichte kennen, wissen es besser. Und wir hoffen mit Oskar, dass viele Unglückliche an diesem Abend aus dem Fenster sahen, im Stillen einen Wunsch aussprachen und sich freuten.

Und solltest du je an einem Heiligen Abend unglücklich sein, dann stelle dich ans Fenster und schaue in den Himmel. Vielleicht fällt ja gerade ein Stern herab, nur für dich.

Doris Bewernitz

Der verlorene Heiligenschein

Es war in den Tagen vor Weihnachten, als die Engel im Himmel angesichts der bevorstehenden Feierlichkeiten zum Geburtstag Jesu außerordentlich fröhlich, ja, sogar recht übermütig und ausgelassen waren, wie es sich eigentlich für die Boten Gottes in ihrer himmlischen Würde nicht so ganz geziemte. Sie hatten bei ihrer steten Wachsamkeit über die Menschen und deren Tun und Treiben auf einem Jahrmarkt beobachtet, wie sie dort Ringe über Flaschen und Dosen warfen. Schon lange trieb sie die Lust, diesen Schabernack selbst auch einmal auszuprobieren.

„Heute ist ein guter Tag dafür", lächelte der Friedensengel, „es sieht heute auf der Erde ganz ruhig aus. Ein Stündchen Spaß können wir uns gönnen." „Aber was stellen wir auf und womit sollen wir werfen?", fragten die anderen Engel etwas hilflos. „Wir nehmen die Flaschen mit Milch und die Gläser mit Honig", meinte der Friedensengel, „und zum Werfen haben wir ja unsere Heiligenscheine."

„Meinst du denn, dass wir unsere Heiligenscheine einfach abnehmen dürfen?", fragte ein schüchterner und stets um Gehorsam bemühter Engel. „Man darf alles, wenn man sich nicht erwischen lässt", nickten einige der älteren und erfahreneren Engel. „Außerdem setzen wir ja unsere Heiligenscheine nachher wieder auf", beruhigte ihn der Friedensengel, und so begannen sie frohgemut ihr Spiel. Voller Ausgelassenheit ließen sie ihre Heiligenscheine durch die Luft fliegen und freuten sich an ihrem flimmernden Glanz, der den Abendhimmel erhellte.

Doch dann kam, was kommen musste: Der Heiligenschein des Friedensengels flog so hoch und so weit, dass die Engel ihn beim besten

Willen nicht wiederfinden konnten. Schlagartig war die ausgelassene Stimmung vorbei. Schnell setzten sich die anderen Engel ihre Heiligenscheine wieder auf, legten sich auf ihre Wolke und sahen zur Erde hinab. Und was sie dort sahen, versetzte sie gleichermaßen in tiefes Erschrecken und Erstaunen. Der Heiligenschein war tatsächlich so weit geflogen, dass er über den Rand ihrer Wolke hinweg auf die Erde gefallen war. Und dort verwandelte sich seine Leuchtkraft in eine andere, eigene Energie. Er kreiste, für die Menschen selbst unsichtbar, zwischen ihnen umher und berührte sie unauffällig. Aber in den Herzen derer, die er leicht angetippt hatte, begann plötzlich eine tiefe Sehnsucht danach zu erwachen, sich mit den Menschen, mit denen sie am meisten zerstritten waren, zu versöhnen. Da kam es vor, dass ein Kind sich bei seinen Eltern dafür entschuldigte, dass es sie angelogen und damit ihr Vertrauen missbraucht hatte, aber auch Eltern entschuldigten sich bei ihren Kindern, dass sie sie geschlagen oder vernachlässigt hatten und gelobten den Kleinen Besserung. Da durchbrachen Ehepaare nach Jahren wieder das mittlerweile schon zur Gewohnheit gewordene Schweigen und begannen neu hinzuhorchen auf das, was den Geist und das Herz des anderen bewegte. Zerstrittene Nachbarn brachen auf, um diejenigen einzuladen, mit denen sie Tür an Tür wohnten, aber mit denen sie sich schon seit Langem kaum mehr als über Höflichkeitsformeln verständigt hatten.

Die Engel waren begeistert über das, was auf der Erde geschah. Wenn der Heiligenschein doch auch die Herzen der Politiker berühren und über alle Grenzen hinweg wandern würde, was könnte es dann für ein Leben auf der Erde sein. Wie viel Kraft, Fantasie und Energie würden

frei, um die wirklichen Feinde der Menschheit wie Armut, Hunger und schlimme Krankheiten bekämpfen zu können.

Nur der Friedensengel saß still und beklommen in einer Ecke. Wenn mein Heiligenschein auf der Erde so viel Gutes anrichtet, dann kann ich mich doch nicht heimlich hinabschwingen und ihn wieder heraufholen, dachte er. Im Augenblick hätte er sich gewünscht, selbst unten auf der Erde vom Glanz des Friedens berührt zu werden, damit seine zerrissene Seele wieder heilen konnte. Er fürchtete sich nämlich davor, aufgrund seines Übermuts aus dem Kreis der himmlischen Heerscharen ausgeschlossen zu werden. Er konnte sich ja schlecht zu Weihnachten einen neuen Heiligenschein wünschen. Was sollte er denn sagen, wo der alte geblieben war?

In den nächsten Tagen versteckte er sich heimlich zwischen den anderen Engeln, so dass sein Makel nicht auffiel. Doch dann war auch schon der Heilige Abend da. Nachdem alle das große Gloria gesungen hatten, durften sie zu einer anderen Wolke hinüberschweben, auf der für jeden ein Geschenk lag. Auf dem Platz des Friedensengels aber lag nur ein Brief. Zitternd öffnete er ihn und las: „Manchmal kommen die wirklich guten und wichtigen Dinge im Leben durch Zufälle, durch Ungewolltes und nicht Geplantes in Bewegung. Wer einen Prozess des Friedens und der Versöhnung in Gang setzt, der braucht keinen Heiligenschein. Er strahlt aus sich selbst heraus und kann allein durch seine Ausstrahlung den Anstoß zu heiligen, also heilenden Taten geben." Da fiel unserem Engel ein Stein vom Herzen, und als sie später alle „Friede auf Erden" sangen, jubelte er am lautesten.

Christa Spilling-Nöker

Der kleine Engel aus Goldpapier

Es muss eine windige Gegend gewesen sein, sagen wir, in Wilhelmshaven, und der Engel war wirklich sehr klein, vielleicht nicht größer als eine Hand, und eine solche Hand hatte ihn kurz vor Weihnachten aus Goldpapier geschnitten. Jetzt war Weihnachten vorbei, das Christbäumchen hatte man abgeräumt und auf den Balkon gestellt. Da stand es nun, nackt und bloß, und war traurig. Der Flitter war weg, die bunten Glaskugeln lagen wieder im Karton, die Stümpfe der Kerzen, die so feierlich gebrannt hatten, waren aus den Blechhaltern gekratzt. Zwar gab es am Baum noch ein paar Lamettafäden, aber das sah erst recht trostlos aus, zumal die roten Äpfelchen, die Biskuits und Schokoladenkringel allesamt aufgegessen waren. Nur der kleine Engel aus Goldpapier hing noch im grünen Gezweig. Ursprünglich waren es zwölf Engel gewesen; elf hatte man eingepackt, den zwölften vergaß man, und der war nun allein.

„Es wird immer kälter", sagte der Christbaum. Tatsächlich, der Wind, der vom Meer herkam, fegte über den offenen Balkon. Der kleine Engel schaukelte ein wenig, das gefiel ihm. Es erinnerte ihn an die Abende im Wohnzimmer, als die flackernden Kerzen die Luft ebenfalls zittern ließen. „Schön war das", sagte der Engel, „ich zitterte ebenso. Manchmal schwebte ich ein bisschen, und ich hoffte, ich könnte sogar fliegen."

Der Christbaum brummte grämlich vor sich hin, weil der Wind ihn hart anfasste. Zittern kannte er wohl, doch vom Fliegen hatte er nie geträumt. „Liegt dir so viel daran?", fragte er den kleinen Engel.

Der richtete sich ein wenig auf. „Aber natürlich. Ich habe nie an etwas anderes gedacht."

Dem Christbaum, der sich mit Mühe an der Balkonecke festhielt, fielen plötzlich die kleinen Vögel ein, die früher durch seine Zweige gehuscht waren.

„Richtig", sagte er, „die Vögel flogen ja auch. Sogar im Wind flogen sie, das machte ihnen Spaß."

„Mir würde es noch besser gefallen", sagte der kleine Engel.

„Warum?"

„Weil ich ein Engel bin. Ich habe doch Flügel."

„Sogar aus Goldpapier", bestätigte der Christbaum. „Bist du darauf etwa stolz?"

„Nein", sagte der kleine Engel, „Engel sind nie stolz. Nicht mal auf Goldpapier."

„So, so", brummte der Christbaum. Er wollte nicht ausdrücklich sagen, dass er selber ein wenig stolz gewesen war, als er geschmückt und mit brennenden Kerzen in der Weihnachtsstube stand. Und weil ihm, der ebenfalls nur ein kleines Bäumchen war, der kleine Engel leid tat, fragte er: „Was hast du davon, ein Engel zu sein, wenn du nicht einmal stolz sein darfst?"

Der kleine Engel schwieg. Nach einer Weile sagte er: „Engel müssen verkünden."

„Verkünden?", wunderte sich der Christbaum. „Hast du das getan?"

„Ja", antwortete der kleine Engel, „aber meine Stimme ist sehr leise. Und die Trompete ist auch nicht groß. Ich weiß nicht, ob die Leute es gehört haben."

„Ich verstehe", sagte der Christbaum, „deshalb willst du jetzt noch woandershin fliegen."

„Ja", sagte der kleine Engel, „das wäre mir recht. Doch ich bin ja an deinem Zweig festgemacht."

In diesem Augenblick wurde aus dem Wind, der vom Meer kam, ein richtiger Sturm. Darauf hatte der Christbaum gewartet. Er brauchte die Zweige nur ein wenig auszubreiten, da hob der Sturm ihn aus dem offenen Balkon hoch in die Luft und trug ihn weit über Straßen und Baumwipfel davon.

„Wir fliegen!" rief der Christbaum, während er ein wenig ängstlich über die Hausdächer wirbelte, an dicken Schornsteinen und Lichtmasten vorbei.

Der kleine Engel hatte keine Angst. Für Engel gibt es ja nichts Schöneres als Fliegen. Und er hatte es sich obendrein so sehr gewünscht.

Am nächsten Morgen aber lag der Christbaum auf der Straße. Manchmal rollte er ein Stück weiter, weil der Sturm noch immer vom Meer her wehte. Die Straßen waren leer. Nur ein kleines Mädchen, das in die Schule wollte, kam vorbei und bückte sich zu dem rollenden Christbaum herab. Da hing doch etwas zwischen den Zweigen?

„Ein Engel!", rief das Mädchen und zog das Goldpapier vom Baum. Doch der Sturm riss es ihr sofort aus der Hand.

Das Mädchen blickte noch lange hinterher, bis die goldenen Flügel hinter dem Dachfirst verschwanden. Ja, und niemand weiß nun, wohin der kleine Engel geflogen ist.

Rudolf Otto Wiemer

Der Weihnachtsengel

Als ich dieses Jahr meine Krippe und die fünf Weihnachtsengel wieder einpackte, behielt ich den Letzten in der Hand. „Du bleibst", sagte ich. „Ich brauche ein bisschen Weihnachtsfreude für das ganze Jahr.
„Da hast du aber Glück gehabt", sagte er.
„Wieso?", fragte ich ihn.
„Na, ich bin doch der einzige Engel, der reden kann."
Stimmt! Jetzt erst fiel mir auf: ein Engel, der redet? Da hatte ich wirklich Glück gehabt. „Wieso kannst du eigentlich reden? Das gibt es doch gar nicht!"
„Doch, das ist so. Nur wenn jemand nach Weihnachten einen Engel zurückbehält, nicht aus Versehen, sondern wegen der Weihnachtsfreude – wie bei dir –, dann können wir reden. Aber es kommt ziemlich selten vor. Übrigens, ich heiße Heinrich."
Seitdem steht Heinrich in meinem Wohnzimmer im Regal. In den Händen trägt er seltsamerweise einen Müllkorb. Heinrich steht gewöhnlich still an seinem Platz, aber wenn ich mich über irgendetwas ärgere, hält er mir seinen Müllkorb hin und sagt: „Wirf rein!"
Ich werfe meinen Ärger hinein – weg ist er! Manchmal ist es ein kleiner Ärger: wenn ich zum Beispiel meine Brille verlegt habe oder meinen Haustürschlüssel nicht finde. Es kann aber auch ein größerer Ärger sein und eine Not, ein Schmerz, mit dem ich nicht fertig werde.
Eines Tages fiel mir auf, dass Heinrichs Müllkorb immer gleich leer war. Ich fragte ihn: „Wohin bringst du das alles?"
„In die Krippe", sagte er.
„Ist denn so viel Platz in der kleinen Krippe?"

Heinrich lachte. „Pass auf: In der Krippe liegt ein Kind, das ist noch kleiner als die Krippe. Und sein Herz ist noch viel kleiner. Deinen Kummer lege ich in Wahrheit gar nicht in die Krippe, sondern in das Herz des Kindes. Verstehst du das?"

Ich dachte lange nach. „Das ist schwer zu verstehen. Und trotzdem freue ich mich. Komisch, nicht?"

Heinrich runzelte die Stirn. „Das ist gar nicht komisch, sondern das ist die Weihnachtsfreude. Verstehst du?"

Auf einmal wollte ich Heinrich noch vieles fragen. Aber er legte den Finger auf den Mund. „Pst", sagte er, „nicht reden. Nur sich freuen!"

Nach Dietrich Mendt

Wie viele Engel gibt es?
Einer, der unser Leben verändert, genügt völlig.

Quellennachweis:
Doris Bewernitz, Der rote Engel, Der vergessene Engel, Sternschnuppen © bei der Autorin. **Eva Marder**, Der Straßenkehrer und das Engelshaar, aus: Berta Hofberger, Der Stern im Brunnen, © by Bastei Lübbe AG, Köln. **Dietrich Mendt**, Von der Erfindung der Weihnachtsfreude, aus: Ders., Mache dich auf – werde Licht!, © Radius Verlag GmbH, Stuttgart 1994. **Maria Sassin**, Die Weihnachts-Wettermacher, © bei der Autorin. **Renate Schley**, Der Flügel des Engels, © bei der Autorin. **Sybil Gräfin Schönfeldt**, Der Bäckerengel, © bei der Autorin. **Dorothea Siegert-Binder** © bei der Autorin. **Cornelia Elke Schray**, Vom Engel, der sein Herz verschenken wollte, © bei der Autorin. **Christa Spilling-Nöker**, Der verlorene Heiligenschein, aus: Dies., Vom Engel, der nicht fliegen konnte. Die schönsten Weihnachtsengelgeschichten. Illustriert von Andrea Schraml, © Verlag Herder GmbH, Freiburg im Breisgau 2011, S. 3 ff.; Der Engel, der nicht fliegen konnte, aus: Dies., Vom Engel, der die Welt verwandeln wollte, © Verlag Herder GmbH, Freiburg im Breisgau 2006. **Rudolf Otto Wiemer**, Der kleine Engel aus Goldpapier, aus: Ders., Es müssen nicht Männer mit Flügeln sein, Quell Verlag, Stuttgart 1986, © Rudolf Otto Wiemer Erben, Hildesheim. **Angelika Wolff**, Unterwegs mit einem Weihnachtsengel, © bei der Autorin.

Zur Künstlerin:
Dorothea Siegert-Binder, geb. 1957, hat sich ganz dem Material Pappmaschee verschrieben. Die Faszination, aus nichts etwas zu machen, begeistert sie seit vielen Jahren. So entstehen immer neue Wesen, Skulpturen, Personen. Das „Weibliche" hat es ihr dabei besonders angetan. Und immer wieder Engel. Mit einem Augenzwinkern gießt sie Begegnungen und kleine Alltagsgeschichten in Form und zaubert Figuren voller Lebensfreude, Lebensfülle und Leichtigkeit, die sich selbst und das Leben nicht so ernst nehmen. Ihre Werke lassen sich auf zahlreichen Ausstellungen besichtigen. Weitere Informationen unter www.siegert-binder.de

Mit Fotografien von Bertram Walter.

ISBN 978-3-86917-556-0
© 2017 Verlag am Eschbach,
ein Unternehmen der Verlagsgruppe Patmos
in der Schwabenverlag AG, Ostfildern
Im Alten Rathaus/Hauptstraße 37
D-79427 Eschbach/Markgräflerland
Alle Rechte vorbehalten.

www.verlag-am-eschbach.de

Gestaltung, Satz und Repro: Angelika Kraut, Verlag am Eschbach
Schriftvorlagen: Ulli Wunsch, Wehr
Herstellung: Grafisches Centrum Cuno GmbH & Co. KG, Calbe

 Dieser Baum steht für umweltschonende Ressourcenverwendung, individuelle Handarbeit und sorgfältige Herstellung.

Der Engel, der sein Herz verschenkt • Der Fürchte-dich-nicht-Engel • Der Bäck
• Der Engel, der nicht fliegen kann • Der Engel der Wärme • Der Menschen-En
goldenen Flügeln • Der letzte Engel • Der Engel, der sein Herz verschenkt • Der
nachtsfreude • Der vergessene Engel • Der Engel, der nicht fliegen kann • Der
Friedens-Engel • Der Engel mit den goldenen Flügeln • Der letzte Engel • Der
Die Wetter-Engel • Der Engel der Weihnachtsfreude • Der vergessene Engel • D
Engel, der es Sterne regnen lässt • Der Friedens-Engel • Der Engel mit den gol
dich-nicht-Engel • Der Bäckerengel • Die Wetter-Engel • Der Engel der Weihnac
Wärme • Der Menschen-Engel • Der Engel, der es Sterne regnen lässt • Der Fri
sein Herz verschenkt • Der Fürchte-dich-nicht-Engel • Der Bäckerengel • Die We
nicht fliegen kann • Der Engel der Wärme • Der Menschen-Engel • Der Engel, a
• Der letzte Engel • Der Engel, der sein Herz verschenkt • Der Fürchte-dich-nich
vergessene Engel • Der Engel, der nicht fliegen kann • Der Engel der Wärme •
Der Engel mit den goldenen Flügeln • Der letzte Engel • Der Engel, der sein He
Der Engel der Weihnachtsfreude • Der vergessene Engel • Der Engel, der nicht
ne regnen lässt • Der Friedens-Engel • Der Engel mit den goldenen Flügeln • D
• Der Bäckerengel • Die Wetter-Engel • Der Engel der Weihnachtsfreude • Der
Menschen-Engel • Der Engel, der es Sterne regnen lässt • Der Friedens-Engel •
schenkt • Der Fürchte-dich-nicht-Engel • Der Bäckerengel • Die Wetter-Engel • I
kann • Der Engel der Wärme • Der Menschen-Engel • Der Engel, der es Sterne
Engel • Der Engel, der sein Herz verschenkt • Der Fürchte-dich-nicht-Engel • D
Engel • Der Engel, der nicht fliegen kann • Der Engel der Wärme • Der Mensch
den goldenen Flügeln • Der letzte Engel • Der Engel, der sein Herz verschenkt
Weihnachtsfreude • Der vergessene Engel • Der Engel, der nicht fliegen kann
• Der Friedens-Engel • Der Engel mit den goldenen Flügeln • Der letzte Engel •
gel • Die Wetter-Engel • Der Engel der Weihnachtsfreude • Der vergessene Eng
• Der Engel, der es Sterne regnen lässt • Der Friedens-Engel • Der Engel mit
Fürchte-dich-nicht-Engel • Der Bäckerengel • Die Wetter-Engel • Der Engel der
Engel der Wärme • Der Menschen-Engel • Der Engel, der es Sterne regnen läs
Engel, der sein Herz verschenkt • Der Fürchte-dich-nicht-Engel • Der Bäckere
Der Engel, der nicht fliegen kann • Der Engel der Wärme • Der Menschen-En